Nesmrtna Luč

Nesmrtna Luč

*Nasveti za duhovne iskalce,
ki živijo družinsko življenje*

Sri Mata Amritanandamayi

Mata Amritanandamayi Center, San Ramon
California, Združene države

Nesmrtna Luč
Nasveti za duhovne iskalce, ki živijo družinsko življenje

Izdal:
Mata Amritanandamayi Center
P.O. Box 613, San Ramon, CA 94583
Združene države

-------- *Immortal Light (Slovenian)* --------

Avtorske pravice © 2013 ima Mata Amritanandamayi Mission Trust, Amritapuri, Kerala, 690546, Indija

Vse pravice pridržane. Noben del te publikacije ne sme biti v kakršnikoli obliki in s kakršnimikoli sredstvi shranjen v nadomestni sistem, prenesen, prekopiran, prepisan ali preveden v katerikoli jezik brez predhodnega soglasja in pisnega dovoljenja založnika.

Prva slovenska izdaja MA Center: april 2016

V Sloveniji: www.amma.si
              amma.slovenia@gmail.com

V Evropi: www.amma-europe.org

V Indiji:
www.amritapuri.org
inform@amritapuri.org

Môli iskrenega srca:
Bog, naj se Te nenehno spominjam,
ves dan.
Naj me vsaka moja misel,
beseda in dejanje privede
bližje k Tebi.
Naj nikogar ne prizadenem v misli,
besedi ali dejanju.
Vsak trenutek bodi z menoj.

– Amma

Vsebina

Uvod	7
Ljubljeni otroci	11
Duhovno življenje	20
Arčana	38
Mantra Džapa	46
Svetišče	51
Duhovni mojster	60
Služenje	64
Karma joga	69
Satsang	74
Dom	76
Preprost življenjski slog	85
Dieta	88
Zakonsko življenje	98
Vzgoja otrok	104
Vanaprastha	112
Mešano	114
Slovar	120

Uvod

Obstaja večna Resnica, ki ostaja skozi čas nespremenljiva. Ovédeti se te Resnice je cilj človeškega življenja. Od časa do časa se med nami pojavijo velike duše, da bi nas prijele za roko in nas vodile k tej Resnici. Ko dodajo še milino svojih lastnih izkušenj, nam te velike duše prenesejo sporočilo svetih spisov na način, ki je v skladu z dobo in kulturo, v kateri so se rodile.

Materine besede kažejo ljudem današnje dobe, ki se utapljajo v oceanu *samsare* (ciklu rojstva, smrti in ponovnega rojstva), kako doseči obalo in okusiti nektar večne blaženosti. Njene besede so zanesljivi svetilniki, ki tiste, ki tavajo v temi materialističnega življenja, vodijo nazaj v luč notranjega Jaza.

Poglejmo si svoje življenje: nismo pozabili le na najvišji cilj življenja, ampak smo izgubili tudi ozračje, ki je potrebno za pridobitev pravega znanja. Da bi ponovno prebudili današnjo družbo, ki je oropana duhovnosti, je nujno potrebno preoblikovati kodeks družinskega življenja in postaviti določene smernice, ki nas bodo vodile k uresničitvi Najvišje Resnice.

Tisti, ki svoje življenje živijo v skladu z Materinimi nasveti, jim ne bo potrebno tavati naokrog v iskanju sreče. Sreča jih bo poiskala sama. Z ljubečo modrostjo je Mati svojim otrokom ponudila preprosta pravila za srečno in polno družinsko življenje, katerega bistven del so duhovne vaje, služenje drugim in predanost Bogu.

Luč, ki jo Mati prižge v notranjem svetišču našega srca, bo še naprej jasno sijala in se razširila onkraj meja, če ji bomo vsak dan prilivali olja duhovne vadbe. Môlimo k Materi, naj nam pomaga dodati vsaj majhen prispevek k temu, da bi v to dobo, ki je pogreznjena v temo, prinesli luč.

Ljubljeni otroci

Telo ni večno. Vsak trenutek lahko umre. Kot človeška bitja smo se rodili po tem, ko smo preživeli že nešteto drugih življenj. Če to dragoceno življenje zapravljamo tako, da živimo kot živali in živimo posvetno življenje, se lahko spustimo po lestvi evolucije in se ponovno rodimo kot žival, preden bomo dosegli naslednje človeško rojstvo.

Dandanes je um ljudi okupiran z neštetimi željami. Toda ne glede na to, kako trdo delajo za izpolnitev teh želja, jih nazadnje ne bodo sposobni zadovoljiti. Ljudje zapravljajo svoj čas z neprestanim obžalovanjem svojih neuspehov. Tako izgubijo svoj duševni mir in zdravje. Kar potrebujemo, pa je duševni mir. To je največje bogastvo.

Otroci moji, ne mislite, da boste duševni mir dosegli s posvetnim bogastvom. Mar ne celó ljudje, ki prebivajo v klimatiziranih bivališčih, v teh istih bivališčih končajo s samomorom? Na Zahodu je veliko materialnega bogastva in vseh vrst fizičnega udobja. A kljub temu ljudje ne izkusijo niti trenutka pravega miru. Sreča in žalost sta odvisni od našega uma, ne pa od zunanjih stvari. Nebesa in pekel sta tukaj na Zemlji. Če razumemo, kje v našem življenju je pravo mesto vsakega materialnega predmeta in živimo skladno s tem, potem ni nobenega razloga za žalost. Znanje, ki nas uči, kako naj živimo na tem svetu, kako ob soočanju z vsemi ovirami živeti zadovoljno življenje, je duhovno znanje – znanje obvladovanja uma. To je tisto najpomembnejše, kar moramo doseči. Ko se enkrat zavedamo dobrih in slabih plati stvari, lahko izberemo pot, ki vodi k trajni radosti. Le s prizadevanjem po Samouresničitvi lahko dosežemo večno blaženost.

Ne mislite, da bodo vaši ljubljeni večno z vami. Največ, kolikor so lahko z vami, je to do trenutka vaše smrti. Zavedajte se, da se življenje ne konča po šestdesetih ali osemdesetih letih preživetih v tem telesu. Imate še veliko življenj, ki jih še morate preživeti. Prav tako, kot za svoje materialne potrebe v življenju hranite v banki denar, bi morali kopičiti večno bogastvo, medtem ko ste še fizično in mentalno zdravi. To lahko počnete z opevanjem Božjega imena in s krepostnimi dejanji.

Če nekdo opravi sto dobrih del in stori le eno samo napako, ga bodo ljudje zaničevali in zavračali. Če pa nekdo naredi sto napak in le eno dobro stvar, ga bo Bog kljub temu ljubil in sprejemal. Zato bodi navezan samo na Boga. Vse posvečaj Bogu.

Ko enkrat otroci v družini odrastejo, se poročijo in so sposobni sami skrbeti zase, bi morali njihovi starši posvetiti svoje življenje samo temu, da uresničijo Boga, nesebično služijo in opravljajo duhovne vaje. Če je mogoče, bi morali starši preostanek svojega življenja preživeti v ašramu. Niti onadva niti njuna družina ne bodo imeli nobene koristi od tega, če bosta še naprej skrbela za svoje odrasle otroke. Po drugi strani pa, če bosta preživela svoje dni v iskrenem duhovnem teženju, bodo imele od tega korist mnoge generacije te družine (tako pretekle kot sedanja).

Otroci moji, môlite k Bogu z držo popolne predanosti in živíte z enim samim namenom – spoznati Boga. Če boste poiskali zatočišče v Bogu, vam bo dano vse, kar potrebujete; ničesar vam ne bo manjkalo. Če se v palači spoprijateljite s skladiščnikom kuhinje, boste morda dobili bučo; če pa boste prosili kralja osebno, pa vam bo v kraljevski zakladnici na voljo vse bogastvo. Če imate mleko, lahko iz njega pridobite jogurt, sirotko in tudi maslo. Enako, če boste poiskali zatočišče v Bogu, bo poskrbel tako za vaše duhovne kot materialne potrebe. Predanost Bogu bo prinesla blaginjo vam in vaši družini, prav tako pa tudi skupnosti.

Otroci moji, v življenju bi morala vladati red in disciplina. Šele potem lahko uživamo blaženost znotraj sebe, namesto da smo odvisni od zunanjih stvari. Pomislite na to, kako trdo delajo ljudje, da opravijo izpit ali dobijo službo! Kljub temu pa, kdo resnično skuša spoznati samega sebe in doseči izkušnjo trajne blaženosti? Vsaj čas, ki nam je še preostal na voljo za naše bivanje na Zemlji, bi morali preživeti za ta namen. Nenehno ponavljajte svojo mantro. Vsak dan ob določenem času na samem opravljajte svoje duhovne vaje. Občasno pojdite v ašram in tam preživite nekaj časa z meditiranjem v tišini in s ponavljanjem svoje mantre. Kolikor vam dopuščajo okoliščine in čas, služite nesebično za dobro sveta.

Svet je za svoj obstoj odvisen od ljubezni. Če izgubimo svojo harmonijo in svojo sposobnost ljubiti, bo izgubljena tudi harmonija narave; ozračje bo zastrupljeno in ne bo več ugodno za kalitev semen ali za pravilen razvoj dreves, rastlin in živali. Pridelki ne bodo uspevali, širile se bodo bolezni, premalo bo dežja in pričela se bo suša. Zato, otroci moji, ljubite drug drugega! Bodite pravični, ljubeči in krepostni že zaradi narave. To vodi k harmoniji narave. Glejte dobro v vsakomur. V sebi ne nosite jeze ali ljubosumja do nikogar in nikoli ne govorite slabo o drugih. Pomislite, da je vsakdo otrok iste vesoljne Matere in vsakega človeka ljubíte kot svojo sestro ali brata. Vsa svoja dejanja predajte Bogu in naj v vsem prevladuje Božja Volja.

Če kdo dvomi o smislu vašega duhovnega življenjskega sloga, lahko odgovorite: ‚Mar ne hrepeni vsak izmed nas po tem, da bi izkusil mir in srečo? Spoznal sem, da mir in srečo lahko dosežemo tako, da živimo duhovno življenje. Torej, zakaj bi te motile moje vrednote? Mar ne iščeš tudi ti sreče vsepovprek? Poglej, koliko denarja zapraviš za luksuz in opojne stvari ter stvari, ki jih v resnici ne potrebuješ!

Zakaj bi te potem moralo vznemirjati, če grem v ašram ali se zanimam za duhovne reči?' Razvijte moč, da boste govorili tako odprto. Ne bodite plašni. Bodite drzni! Svoje življenje preživite tako, da negujete našo veliko duhovno dediščino.

Nobene potrebe ni, da bi vas bilo sram, ker živite duhovno življenje. Bodite pošteni in recite: ‚To pot sem izbral zato, da bom dosegel duhovni mir. Običajno skušajo ljudje najti mir in srečo tako, da si kupijo hišo, se poročijo ali opravljajo različne službe. Jaz pa iščem mir in srečo na duhovni poti. Moj cilj je doseči mentalni mir in zadovoljstvo, ne pa nebes ali osvoboditve po smrti. Mimogrede, ali ti tvoj način življenja omogoča živeti v stanju miru in sreče?'

Otroci moji, ko ste enkrat že na čolnu ali avtobusu, ni nobene potrebe, da bi še naprej nosili svojo prtljago. Odložite jo. Vse predajte Bogu. Če svoje življenje živite z držo predanosti, boste prosti vseh skrbi. Bog bo vedno pazil na vas in vas ščitil.

– Amma

Duhovno življenje

Vsakdo bi se moral skušati zbuditi pred peto uro zjutraj. Idealen čas za duhovne vaje, kot so meditacija in ponavljanje manter, je *brahma muhurta,* čas med tretjo in šesto uro zjutraj. V tem času v naravi prevladujejo *satvične*[1] (čiste, mirne) lastnosti; um je jasen in telo je polno energije. Nikoli ni dobro, da nadaljujemo s spanjem po sončnem vzhodu. Ko se zbudite, ne ostajajte več v postelji, kajti to povečuje lenobo in zaspanost. Tisti, ki ne zmorejo zmanjšati števila ur spanja takoj, lahko to storijo postopoma. Kdor redno izvaja duhovne vaje, ne potrebuje veliko spanja.

---

[1] Glej besedo *satva* v slovarju na koncu knjige.

Duhovno življenje

Ko se zjutraj zbudiš, bi moral vstati na svoj desni bok. Predstavljaj si, da tvoje ljubljeno Božanstvo ali tvoj duhovni mojster stoji pred teboj in se nato prikloni k njegovim ali njenim stopalom. Potem lahko sédeš na svojo posteljo in vsaj pet minut meditiraš. Môli z iskrenim srcem: 'Bog, naj se Te nenehno spominjam, ves dan. Naj me vsaka moja misel, beseda in dejanje privede bližje k Tebi. Naj nikogar ne prizadenem v misli, besedi ali dejanju. Vsak trenutek bodi z menoj.'

Vsaj eno uro na dan si vzemite za duhovne vaje. Po jutranjem kopanju bi morala vsa družina sesti skupaj in častiti Boga. Lahko recitirate *arčano* (recitiranje Božanskih Imen) z meditiranjem na svojega duhovnega učitelja in z recitiranjem imen, ki ga ali jo slavijo. Recitirajte sto osem ali tisoč imen Božanske Matere ali svojega ljubljenega Božanstva. V tem času lahko ponavljate tudi svojo mantro, meditirate in pojete hvalnice.

Ne glede na to, kaj delaš po *arčani*, vedno skušaj ohraniti misel na Boga živo. Kadarkoli sedeš ali vstaneš, to stori po predhodnem priklonu do tal. Dobro je gojiti miselnost, da so tvoje pisalo, knjige, oblačila, posoda in vso delovno orodje prežeti z Božansko Navzočnostjo in potemtakem vse uporabljaj skrbno in s spoštovanjem. Vsakega predmeta se dotakni s kretnjo spoštovanja, preden ga vzameš v roke. To ti bo pomagalo nenehno vzdrževati spomin na Boga. Ko bodo drugi opazili tvoja dejanja, bo to navdihnilo tudi njih in bodo tudi oni sledili tej praksi.

Kadar se srečamo, bi morali drug drugega pozdraviti z besedami, ki nas spomnijo na Boga, kot so *Om Namah Šivaja, Hari Om* ali *Jai Ma*. Učite otroke, da tako počnejo tudi oni. *Om Namah Šivaja* pomeni ‚Pozdrav Dobrotljivemu.‘ Ko dvignemo svojo roko in rečemo ‚Zbogom,‘ sporočamo, da se razhajamo; medtem ko se takrat, ko svoje dlani združimo skupaj in napravimo *pranam* (priklon), naša srca zbližajo.

Ves svoj prosti čas, ko si na poti v službo ali kamorkoli drugam, izkoristi za ponavljanje svoje mantre ali branje duhovnih knjig. Ogibaj se vdajanju brezkoristnemu klepetanju in se z drugimi skušaj pogovarjati o duhovnih témah. Za vsako ceno se ogibaj slabe družbe.

Vsakdo, ki redno izvaja nadzor nad hrano, meditira in ponavlja mantro, bo čez čas dosegel moč ohranjanja celibata. V nekaterih fazah duhovne vadbe lahko izbruhnejo na plano prirojena nagnjenja in povzročijo močno prebuditev posvetnih želja. Če na neki točki pride do tega, je potrebno poiskati nasvet svojega duhovnega učitelja. Poišči zatočišče v Bogu in se nič ne boj. Le delaj vse po svojih najboljših močeh in prakticiraj toliko samonadzora, kot je mogoče.

Dobra navada je vsak dan pisati dnevnik, najbolje preden greš spat. V svoj dnevnik lahko zabeležiš, koliko časa si vsak dan namenil svojim duhovnim vajam. Dnevnik piši na tak način, da ti bo to pomagalo uvideti tvoje napake. Potem se potrudi, da jih ne boš več ponavljal. Tvoj dnevnik ne bi smel biti zgolj spisek napak drugih ljudi ali tvojih vsakodnevnih opravkov.

Tik preden se zvečer odpraviš spat, sédi na posteljo in vsaj pet minut meditiraj, nato pa se prikloni svojemu ljubljenemu Božanstvu ali duhovnemu mojstru. Pri tem si lahko predstavljaš, da se krepko dotikaš stopal svojega ljubljenega Božanstva in môli z vsem svojim srcem: 'O Bog, prosim, odpusti mi vse napake, ki sem jih danes vedé ali nevedé zagrešil in daj mi moč, da jih ne bom nikoli več ponovil.'

Potem si predstavljaj, da ležiš z glavo v naročju ali ob stopalih svojega ljubljenega Božanstva ali mojstra, ali pa si predstavljaj, da Božanstvo sedi poleg tebe. V spanje zdrsni med mentalnim ponavljanjem svoje mantre. Tako bo med spanjem ostala zavest mantre neprekinjena. Učíte svoje otroke, da osvojijo to navado. Tudi njih je treba poučiti, da se bodo zbujali ob pravem času.

Zelo koristno se je vsaj dve uri na dan držati tišine. Če se lahko držiš tišine tudi en cel dan na teden, bo to močno povečalo tvoje duhovno napredovanje. Morda porečeš: 'Toda, mar ni um zaposlen z neštetimi mislimi tudi tedaj, ko se držimo zunanje tišine?' Spomni se zajezene vode. Četudi so na gladini valovi, se vode ne bo nič izgubilo. Podobno, ko si v tišini, bo izguba energije povsem minimalna, čeprav se v umu misli lahko ohranjajo. Skozi govorjenje izgubimo mnogo svoje vitalne sile. Življenjska doba goloba, ki ves čas gruli, je kratka, medtem ko tiha želva živi zelo dolgo. Recitiranje Božjih imen ni ovira za zaobljubo molka. *Maunam* (tišine) se držimo z namenom, da se izognemo vsem posvetnim mislim in razgovorom.

Duhovni aspirant se nima časa vdajati opravljanju niti ne želi z nikomer govoriti osorno. Tisti, ki nenehno uživajo v iskanju napak, ne bodo nikoli duhovno napredovali. Nikogar ne rani z mislijo, besedo ali dejanjem. Bodi sočuten do vseh bitij. *Ahimsa* (nenasilje) je najvišja oblika *dharme* (pravičnosti).

Izkazuj spoštovanje do vseh velikih mojstrov in vseh *sanjasinov* (menihov). Če pridejo k tebi na dom, jih sprejmi s primernim spoštovanjem. Njihovih blagoslovov ne boš prejel zgolj zaradi tradicionalnih obredov in zagotovo ne skozi blišč in teater, ampak skozi svojo ponižnost, vero in predanost.

Ne poslušaj tistih, ki o duhovnih mojstrih ali *mahatmah* (velikih dušah) grdo govorijo. Nikoli ne poslušaj ali ne govori slabo o nikomur. Kadar nosiš v sebi negativne misli o drugih, postane tvoj um nečist.

Duhovno življenje

Vsak dan se za nekaj časa posveti branju duhovnih knjig, kajti tudi to je neka oblika *satsanga* (svete družbe). Za vsakodnevno branje naj ti bo na razpolago knjiga o naukih tvojega mojstra ali knjiga, kot so *Bhagavad Gita, Ramajana, Sveto pismo* ali *Koran*. Vsaj en verz na dan se nauči na pamet. Kadar imaš čas, pa bi moral brati tudi druge duhovne knjige. Branje biografij in naukov velikih mojstrov ti bo pomagalo okrepiti duh samoodrekanja in lažje razumeti duhovna načela. Med branjem knjige in poslušanjem duhovnih predavanj si je dobro delati zapiske. Zapiski ti bodo pozneje koristili.

Otroci moji, môlite za blagor vseh. Môlite k Bogu, naj blagoslovi tiste, ki vas želijo prizadeti in naj jih spremeni na bolje. Če je v soseski tat, je težko spati mirno. Ko molite za blagor drugih, ste vi tisti, ki s tem dosežete duševni mir. Vsak dan ponavljajte mantro *Om lokah samastah sukhino bhavantu* (naj bodo vsa bitja v vseh svetovih srečna) za mir sveta.

Naj bo tvoje življenje trdno ukoreninjeno v resnici. Vzdrži se laganja. V tej *kali jugi* (mračni dobi) je zavezanost resnici največja disciplina. Lahko da se moraš tu in tam zlagati, da bi koga zaščitil ali podprl *dharmo,* toda bodi previden, da ne boš lagal zaradi svojih lastnih sebičnih namenov.

Tvoje srce je svetišče in tam bi moral biti nastanjen Bog. Dobre misli so cvetlice, ki jih daruješ Bogu, dobra dejanja so čaščenje, prijazne besede so hvalnice in ljubezen je darovanje posvečene hrane.

Zgolj sedenje v meditaciji z zaprtimi očmi ni dovolj. Svoja dejanja opravljaj z držo čaščenja. Vsepovsod bi moral biti sposoben izkusiti Božjo navzočnost. To je prava meditacija.

Radia, televizije in filmov se poslužuj razsodno. Glej ali poslušaj le tiste programe, ki bodo razširili tvoje znanje in tvoje poznavanje kulture. Televizija je *tele-visham* (*visham* v Malayalamu pomeni ‚strup‘). Če ne bomo previdni, bo pokvarila našo omiko; zapravili bomo svoj čas in si poleg tega poškodovali oči.

Kar ljudje potrebujejo, je duševni mir. Tega pa lahko dosežemo le s prevzemom nadzora nad umom.

Morali bi odpustiti in pozabiti napake drugih. Jeza je sovražnik vsakega duhovnega aspiranta. Jeza povzroča izgubo moči skozi vse pore telesa. Kadarkoli um zamika, da bi se razjezil, bi ga morali obvladovati in samemu sebi s trdno odločnostjo reči: 'Ne!' Potem bi morali iti v samoto in ponavljati svojo mantro. Na ta način se bo um pomiril sam od sebe.

Tisti, ki so neporočeni, bi morali svojo vitalno energijo ohranjati s celibatom. Da bi na tak način pridobljeno energijo preobrazil v *odžas* (v bolj subtilno obliko vitalne energije), moraš izvajati duhovne vaje. S porastom *odžasa* se bodo povečali tudi tvoja inteligenca, spomin, zdravje in lepota, um pa bo izkusil trajno srečo.

Napredovanje ni mogoče brez discipline. Narod, institucija, družina ali posameznik lahko napredujejo le s sledenjem besedam tistih, ki si zaslužijo spoštovanje in z upoštevanjem ustreznih pravil in predpisov. Poslušnost ni šibkost. Poslušnost in ponižnost vodita k disciplini.

Seme se mora spustiti pod zemljo, da se bo potem lahko pojavilo kot njegova potencialna oblika - rastlina. Rastemo lahko le skozi skromnost in ponižnost. Ponos in domišljavost nas bosta samo uničila. Bodi ljubeč in sočuten z neomajnim stališčem, da si služabnik vsakogar. Potem se ti bo priklonilo vse vesolje.

Kakšen smisel ima življenje, če si od vseh štiriindvajsetih ur ne moremo vzeti vsaj ene ure na dan za misel na Boga? Pomisli, koliko ur zapraviš z gledanjem televizije, branjem časopisa, klepetanjem in početjem drugih nekoristnih stvari! Otroci moji, zagotovo si lahko vzamete eno uro na dan za svoje duhovne vaje, če to resnično želite. To bi morali smatrati kot najbolj dragocen čas vašega dneva. Če si ne morete vzeti cele ure naenkrat, pa si vzemite pol ure zjutraj in pol ure zvečer.

Duhovno življenje

Meditacija povečuje tvojo vitalnost in krepi inteligenco; poveča tvojo lepoto; izboljša tvojo mentalno jasnost in zdravje. Pridobiš potrpljenje in pogum, da se soočiš s katerimkoli problemom v življenju. Zato meditiraj! Le skozi meditacijo boš našel zaklad, ki ga iščeš.

Vsakodnevna vadba *surjanamaskare* (pozdrav soncu) ali drugi jogijski položaji so za zdravje in duhovno vadbo zelo koristni. Pomanjkanje ustreznih vaj je vzrok mnogih današnjih bolezni. Namesto da se pelješ z avtom ali avtobusom, pojdi raje peš, kadarkoli je mogoče. To je dobra vaja. Vozilo bi moral uporabiti samo, kadar moraš iti kam daleč. Kadarkoli je mogoče, uporabljaj kolo. Tako boš prihranil tudi denar.

Otroci moji, od časa do časa pojdite v sirotišnice, bolnišnice in domove revnih. Obiščite ljudi, ki so revni, bolni in pomoči potrebni. S seboj peljite svojo družino. Nudite pomoč pomoči potrebnim in skrbite za njihov blagor. Beseda izgovorjena z ljubeznijo in skrbjo bo dala trpečim več tolažbe kot še toliko denarja, poleg tega pa se bo razširilo tudi vaše srce.

Vsaj dva ali tri dni na mesec skušajte preživeti v ašramu. Tako kot dihanje čistega zraka okrepi in očisti tvoje telo in um, se bodo tvoje baterije ponovno napolnile do tolikšne mere, da boš tudi po vrnitvi domov želel še naprej ponavljati svojo mantro in meditirati.

Duhovno življenje

Ljubezen bi morala biti osnova vseh običajev in obredov. Zgolj dejanja, opravljena brez prave drže, so brez koristi. Vse bi morali opravljati s ponižnostjo, predanostjo in s čistim namenom. Kajti, da bi se razvila prava disciplina, morate biti ponižni in poslušni. Ponižnost in poslušnost sta kot strojno olje. Če stroj teče brez maziva, ga bo to uničilo.

Arčana

Recitiranje Božanskih Imen

Družina bi se morala zjutraj po kopanju usesti skupaj in recitirati *arčano*. Če ni mogoče, da bi bili vsi skupaj, je dovolj tudi individualna *arčana*. Če okoliščine ne dovoljujejo, da bi se okopali, si umijte vsaj roke in obraz. Toda nikoli ne prekinite svoje vsakodnevne vadbe *arčane*.

Nekatere ženske med svojim mesečnim perilom izkusijo več negativnih misli. Zato je v tem času še toliko bolj potrebno ponavljati mantro. V Indiji je običajno, da ženske v času menstruacije ne sodelujejo pri kolektivnem čaščenju. Lahko sedijo posebej in ponavljajo svojo mantro ali izvajajo *arčano* individualno. So tudi takšni, ki verjamejo, da ženske v tem času ne bi smele recitirati tisočih imen Božanske Matere *(Lalita Sahasraname),* toda Mati vam lahko zagotovi, da ženska ne bo zagrešila nobene napake, če bo to storila. Božanski Materi je mar le za jezik srca.

Če je le mogoče, v hiši med *arčano* ne bi smel nihče spati. Če si med čaščenjem zaspan, vstani in nadaljuj stojé. Ne pozabi, da je med izvajanjem *arčane* tvoje ljubljeno Božanstvo prisotno v subtilni obliki. Med recitiranjem ni primerno vstati in oditi ali govoriti o drugih rečeh.

Lahko vam je v pomoč, da imate med *arčano* pred seboj sliko svojega ljubljenega Božanstva. Preden pričnete s čaščenjem, pet minut meditirajte. Jasno vizualizirajte svoje ljubljeno Božanstvo od glave do stopal in potem ponovno od stopal do glave. Lahko si predstavljate, da se Božanstvo pojavi iz notranjosti lotosa vašega srca in pride sedet na poseben sedež pred vami. Ob vsaki mantri, ki jo izgovorite, si predstavljajte, da k svetim stopalom Božanstva darujete cvetje. V svojem srcu vizualizirajte drevo v polnem razcvetu in si predstavljajte, kako s tega drevesa trgate bele cvetove in jih darujete Božanstvu. Kadarkoli ni na voljo pravih cvetnih listov, lahko izvajate *arčano* s temi mentalnimi cvetovi iz srca. Takšne cvetlice, darovane s predanostjo, so Bogu najljubše. Cvetlice srca sestojé iz naše ponižnosti, pobožnosti in drže predanosti.

Na kar smo najbolj navezani, kar nam je najbolj dragoceno, to je tisto, kar bi morali darovati Bogu. Ali mati ne nudi svojim otrokom le najboljše?

Preprosta *pranajama* (dihalne vaje) pred *arčano* nam pomaga doseči koncentracijo. Sedite vzravnano, zaprite svojo desno nosnico in vdihnite skozi levo nosnico; potem zaprite levo nosnico in izdihnite skozi desno nosnico. Zdaj vdihnite skozi desno in izdihnite skozi levo nosnico. To je en krog *pranajame*. Napravite lahko tri kroge. Medtem ko vdihujete, si predstavljajte, da se napolnjujete z dobrimi lastnostmi; medtem ko izdihujete, si predstavljajte, da vas v obliki temé zapuščajo vse vaše neželene lastnosti, slabe misli in negativne *vasane* (prirojena nagnjenja).

Namesto cvetja se lahko med *arčano* kot daritev uporabi *Akšata* – opran in osušen polnozrnat ali oluščen riž, pomešan s ščepcem turmerika v prahu. Po *arčani* ga lahko zberemo in skuhamo z ostalim rižem ali drugimi zrni.

Ko izvajate *arčano* v skupini, lahko eden vsako mantro recitira naprej, medtem ko jih ostali ponavljajo za njim. Vsako mantro izgovarjajte počasi, jasno in s predanostjo. Spočetka vsakdo morda ne bo sposoben jasno izgovarjati vseh manter *Lalita Sahasraname*. V tem primeru lahko ostali odgovarjajo na imena le z eno samo mantro. Med recitiranjem *Lalite Sahasraname*

Arčana

je lahko odgovor *Om Parašaktjei Namaha* ali *Om Šivašaktjeikja Rupinjei Namaha*.[2]

Ko ste *arčano* zaključili, ne vstanite takoj. Svoje ljubljeno Božanstvo mentalno povedite nazaj s sedeža pred vami in Ga ali Jo zopet namestite v svoje srce. Vizualizirajte podobo Božanstva, ki sedi v vašem srcu in za krajši čas meditirajte. Če je mogoče, je dobro zapeti dva ali tri *kirtane* (hvalnice). Kadar bolnik dobi injekcijo, mu bo morda naročeno, naj nekaj minut počiva, da se bo zdravilo lahko razširilo po vsem telesu. Podobno, da bi dosegli polno korist manter, ki ste jih recitirali, bi morali po koncu čaščenja nekaj časa ohraniti um miren.

---

[2] Med recitiranjem arčane 108-ih Materinih imen, pa naj bi bil odgovor 'Om Amritešwarjei Namaha.'

Po *arčani* se s čelom priklonite do tal. Potem vstanite in ostanite na istem mestu ter se trikrat zavrtite v smeri urinega kazalca. Nato se ponovno priklonite, potem sédite in nekaj časa meditirajte.

Cvetne liste, ki ste jih uporabili za *arčano,* lahko daste pod baziliko ali kako drugo sveto rastlino ali v reko ali pa jih zakopljete nekje na dvorišču ali vrtu, kjer jih nihče ne bo poteptal.

Če vsak dan s predanostjo recitirate tisoč imen Božanske Matere, boste duhovno napredovali. V družini, kjer se s predanostjo recitira *Lalita Sahasranama*, ne bo nobenega pomanjkanja hrane, oblačil ali drugih življenjskih potrebščin.

Vsako ime, ki ga izgovoriš med *arčano,* smatraj kot ime tvojega ljubljenega Božanstva. Predstavljaj si, da je On ali Ona Tisti, ki se pojavlja v vseh različnih oblikah. Če je tvoje ljubljeno Božanstvo Krišna, potem si med recitiranjem imen Božanske Matere predstavljaj, da pred teboj v podobi Devi stoji Krišna. Ne misli, da Krišni ni všeč, če recitiraš imena Božanske Matere. Takšne razlike obstajajo le zate, ne pa za Boga.

Mantra Džapa

Ponavljanje mantre

V pričujoči mračni dobi materializma je nenehno ponavljanje mantre najlažji način za dosego notranjega očiščenja in koncentracije. Svojo mantro lahko ponavljate kadarkoli in kjerkoli ter brez izpolnjevanja kakršnihkoli pravil glede čistosti telesa ali uma. To lahko počnete tudi med katerimkoli opravilom.

Mantra džapo in meditacijo bi morali brez izjeme izvajati vsak dan. Le z rednim ponavljanjem mantre bo od tega kakršnakoli korist. Kmet ne more pobrati pridelka samo z branjem knjig o poljedelstvu; znanje mora prenesti v delovanje. Pridelke bo dobil samo z delom.

Mantra Džapa

Postavljena namera, da boš svojo mantro ponovil neko določeno število krat na dan, bo krepila navado ponavljanja mantre. Med ponavljanjem mantre nam je lahko v pomoč *mala* (rožni venec). Mala je lahko iz 108-ih, 54-ih, 27-ih ali 18-ih kroglic rudrakše, tulasija, sandalovine, kristalov ali dragocenih kamnov z eno *meru* (glavno) kroglico. Napravi namero, da boš vsak dan ponovil določeno število manter. Svojo mantro bi moral skušati ponavljati mentalno v vsakem budnem trenutku, tudi med delom in potovanjem. Vselej je priporočljivo, da prejmete mantro od *satguruja* (samouresničenega mojstra). Do tedaj pa lahko uporabljate eno od manter svojega ljubljenega Božanstva, kot na primer: *Om Namah Šivaja, Om Namo Narajanaja, Hare Rama Hare Rama Rama Rama Hare Hare,*

Hari Om, Om Parašaktjei Namaha, Om Šivašaktjeikja Rupinjei Namaha, Soham ali ime Kristusa, Alaha ali Bude.

Trudi se, da ne boš niti za trenutek prekinil ponavljanja svoje mantre; s ponavljanjem mantre nadaljuj, ne glede na to, kaj počneš. Sprva ti bo morda mantro težko ponavljati mentalno; zato v začetku svojo mantro ponavljaj tiho, z nenehnim premikanjem ustnic (tako kot riba pije vodo). Če boš svojo mantro ponavljal ves čas, se med delom ne boš zapletal v nekoristno govorjenje in tvoj um bo vselej miren. Sodobne bolezni so večinoma psihosomatske. *Mantra džapa* pa bo ozdravila oboje, tako tvoj um kot telo.

Mantra Džapa

Če med opravljanjem določene naloge ne moreš ponavljati mantre, potem, preden pričneš z delom, môli: 'Bog, prosim, blagoslovi me tako, da bom lahko opravil to delo na način, ki bo tebi v zadovoljstvo.' Ko bo tvoje delo opravljeno, zopet môli k Bogu in Ga prôsi, naj ti odpusti vse napake, ki si jih morda storil.

Pomisli, če bi med potovanjem izgubil denar, kako silovito bi ga iskal! Na enak način bi moralo biti zate boleče, če niti za trenutek ne bi mogel ponavljati svoje mantre. Moral bi žalovati in moliti: 'O Bog, izgubil sem toliko časa!' Če čutiš ta občutek potrebe in nelagodja, boš sposoben nadomestiti čas, ki si ga izgubil.

Dobra praksa je pisanje svoje mantre, vsaj eno stran na dan. Mnogi ljudje dobijo boljšo koncentracijo s pisanjem kakor pa s ponavljanjem. Tudi svojim otrokom skušaj priučiti navado ponavljanja in čitljivega pisanja mantre. To jim bo pomagalo izboljšati tudi njihovo pisavo. Z zvezkom, v katerega pišeš mantro, ne bi smel ravnati nemarno; skrbno bi ga moral hraniti v meditacijski sobi ali hišnem svetišču.

Svetišče

Svetišče je prostor, kjer vsaj za kratek čas vzplameni spomin na Boga tudi tistim, ki so sicer potopljeni v posvetnost. Vendar pa ne bi smeli ostati do konca svojega življenja omejeni na tempeljske obrede. Ni dovolj zgolj obiskovati svetišča. Svoj um bi morali skušati obdržati na Bogu skozi ves dan ter imeti določen čas za *mantra džapo* in meditacijo. Če Boga ne bomo čvrsto nastanili v svoje srce, nam tempeljsko čaščenje, tudi če ga izvajamo vse svoje življenje, ne bo dosti koristilo.

V svetišče ali na obisk k duhovnemu mojstru ne pojdite praznih rok. Darujte nekaj kot simbol svoje predanosti, pa četudi je to le cvetlica.

Med darovanjem cvetne girlande, ki je bila kupljena v trgovini in darovanjem girlande, ki si jo sam izdelal iz cvetlic nabranih na tvojem vrtu, obstaja velika razlika. Kadar v ta namen posadiš cvetje, boš takrat, ko ga zalivaš, nabiraš, delaš iz njega girlando in jo neseš v svetišče, razmišljal samo o Bogu. Bog sprejme vse, kar Mu daruješ z ljubeznijo. Ko pa girlando kupimo v trgovini in z njo ovenčamo Božanstvo, je to le obredno dejanje; doma izdelana girlanda pa je darovanje čiste ljubezni in predanosti.

Ko greste v svetišče, ne hitite po *daršan* (pogledat Božanstva). Ne opravite zgolj darovanja in potem hitro nazaj domov. Nekaj časa bi morali tam tiho in potrpežljivo stati ter si skušati vizualizirati svoje ljubljeno Božanstvo v svojem srcu. Če je mogoče, sédite in meditirajte. Ne pozabite ponavljati svoje mantre ob vsakem koraku.

Mati ne pravi, da sta čaščenje in darovanje nepotrebna – ampak le to, da je od vseh reči, ki jih lahko izročite Bogu, darovanje vašega srca tisto, kar Bog najbolj ceni.

Darovanja v svetišču ali stopalom duhovnega mojstra ne izvajamo zato, ker bi Bog ali mojster potreboval bogastvo ali karkoli drugega. Pravo darovanje je dejanje izročitve svojega uma in razuma. Kako se to stori? Svojega uma ne moreš darovati kot takšnega; daruješ lahko le tisto, na kar je tvoj um navezan. Danes je morda tvoj um zelo navezan na denar in druge posvetne stvari. Z izročanjem teh reči Bogu, Bogu daruješ svoje srce. To je princip, ki je v ozadju darovanja v dobrodelne namene.

Nekateri ljudje verujejo, da je Gospoda Šivo mogoče najti le v Varanasiju in da je Gospod Krišna le v Vrindavanu. Ne mislite, da je Bog omejen med štiri stene svetišča ali na določen kraj. Je povsod pričujoč in vsemogočen. Po Svoji izbiri lahko prevzame katerokoli obliko. Svoje ljubljeno Božanstvo bi morali biti zmožni videti v vsem. Prava pobožnost pomeni sposobnost zaznavanja Božanstva ne le v svetišču, temveč v vsakem živem bitju in potemtakem vsakomur služiti. Če je tvoje ljubljeno Božanstvo Krišna, bi moral biti povsod zmožen videti Krišno – v vsakem svetišču, ne glede na to, ali je to tempelj Šive ali Devi. Otroci moji, ne mislite, da bo Šiva jezen, če v Šiva templju ne častite Njega ali da vam Božanska Mati ne bo hotela dati Svojih blagoslovov, če v Devi templju ne slavite Nje. Eno in isto osebo njegova žena kliče 'mož', njegov otrok 'oče' in njegova sestra 'brat'. Morda boste vprašali: 'Ali se bo Kešava odzval, če ga bomo poklicali Madhava?'[3] Vendar tukaj ne kličete navadnega posameznika; nagovarjate vsevednega Gospoda. Oseba se ne spremeni, če jo imenujemo z različnimi imeni. Na enak način so vsa božanska imena imena Enega Najvišjega Bitja. On pozna tvoj um. On vé, da ga kličeš, ne glede na to, katero ime uporabljaš.

---

[3] Kešava in Madhava sta dve od številnih Krišnovih imen.

Lahko greš v svetišče in tam poln spoštovanja hodiš okrog najsvetejšega ter daruješ svojo daritev v skrinjico; toda če potem na poti iz templja mrko pogledaš berača pri vratih, kje je tvoja pobožnost? Biti sočuten do ubogih je naša dolžnost do Boga. Mati ne pravi, da bi morali dati denar vsakemu beraču, ki sedi pred svetiščem; toda ne prezirajte jih. Môlite zanje. Kadarkoli čutiš kakšen odpor do kogarkoli, tvoj um postane nečist. Ljubiti vsakogar enako – to je Bog.

Tempeljske praznike se slavi zaradi duhovnega in kulturnega prebujanja ljudi. Dandanes pa s tempeljskimi prazniki povezani programi redko služijo v ta namen. Programi, ki se odvijajo na prostorih templjev, bi morali v ljudeh krepiti duhovnost. Tempeljsko ozračje bi moralo drhteti od recitiranja božanskih imen. Ko vstopimo na tempeljsko dvorišče, bi morali prenehati z vsem nekoristnim govorjenjem. Naš um bi moral biti povsem osredotočen na Boga. Naloga ljudi, ki živijo v družinah je, da storijo vse, kar lahko, da ponovno vzpostavijo svetost templjev. Tisti, ki se zavzemajo za svojo duhovno dediščino, bi morali tesneje sodelovati s tempeljskimi odbori, da bi našli zdravilo za današnjo usmiljenja vredno situacijo.

Mnogi duhovniki in drugi zaposleni v templjih delajo za plačilo. Nikoli ne sodite celotne religije na osnovi šibkosti takšnih ljudi. Naša odgovornost je, da ustvarimo primerno vzdušje, tako da ne bo nikogar zamikalo, da bi se zatekal k nepravičnim načinom. Pravi svetilniki religije so tisti, ki se ukvarjajo z nesebičnim služenjem, medtem ko posvečajo svoje življenje dosegi najvišjega stanja enosti z Bogom.

Ljudje so tisti, ki vlivajo moč v tempeljske podobe. Če človek ne izkleše kamna, le-ta ne more postati podoba; če le-te nekdo ne postavi v tempelj, ta ne more biti posvečena; in če ljudje podobe ne častijo, njena moč ne more rasti. Brez človeškega truda ne bi bilo templjev. Toda tempeljska podoba, ki jo je namestil pravi duhovni mojster, ki je dosegel enost z Bogom in je zato enak Bogu, bo imela prav posebno moč.

V starih časih ni bilo nobenih templjev. Bile so le linije gurujev in učencev. Tempeljsko čaščenje je namenjeno običajnim ljudem.

Slepe otroke učimo z uporabo Braillove pisave. Morda bo kdo vprašal, zakaj to počnemo; zakaj jih ne učimo enako kot druge otroke? To ne bi bilo mogoče, ker je tiste, ki ne morejo videti, potrebno učiti na način, ki je zanje bolj ustrezen. Enako ljudje te dobe potrebujejo čaščenje v templju, da bi lahko svoj um osredotočili na Boga.

Nobene potrebe ni po gradnji imenitnih novih stolpov, da bi tako obnovili svetost templja. Osredotočenost bi morala biti usmerjena na redno opravljanje čaščenja v skladu s tradicijo, *satsange* (duhovna predavanja), petje duhovnih pesmi itd. Tisto, kar tempeljsko ozračje napolni z duhovno energijo, sta vera in pobožnost ljudi, ne pa obredi ali slovesnosti. Spomnite se tega, ko boste vpleteni v tempeljske aktivnosti.

Duhovni mojster

Ašrami in *gurukule* so stebri naše duhovne kulture. Če opravljamo duhovne vaje v skladu s *satgurujevimi* napotki, nam ni potrebno iti nikamor drugam. Vse, kar potrebujemo, bomo dobili od mojstra.

Duhovnost bomo razvili le, če gledamo na svojega duhovnega mojstra kot na manifestacijo Boga. Nikogar ne bi smeli sprejeti kot svojega mojstra, dokler nismo popolnoma prepričani, da je on ali ona pristen in pravi. Ko pa enkrat izberemo nekoga za svojega mojstra, pa se mu ali ji moramo popolnoma predati. Šele potem bo duhovni napredek mogoč. Vdanost mojstru pomeni popolno predanost njemu ali njej.

Duhovni mojster

Z izjemo tistih redkih, ki se rodijo z zelo močnimi duhovnimi nagnjenji, podedovanimi iz njihovih prejšnjih življenj, Samouresničitev brez milosti pravega mojstra ni mogoča za nikogar. Na mojstra mislite kot na manifestacijo Boga v tem svetu. Vsako njegovo ali njeno besedo jemljite kot ukaz in ga ali jo brezpogojno ubogajte. To je pravo služenje mojstru in najvišja oblika discipline. Mojstrovi blagoslovi bodo k poslušnemu učencu pritekali spontano.

Pravi mojster ni omejen na telo. Kadar mojstra ljubiš nesebično, ga ali jo boš sposoben videti ne le v njegovem ali njenem telesu, temveč vsepovsod v svetu – v vsakem živem bitju in v vsaki neživi stvari. Nauči se gledati na vse posameznike kot na mojstrovo živo podobo in jim temu ustrezno služi.

Ašram je Materino telo. Kadarkoli za ašram opravljaš kakršnokoli delo, počneš to za Mater. Ašram ni zasebna lastnina nikogar; je sredstvo, ki priskrbi mir in harmonijo za ves svet.

Tisti, ki od Matere prejmejo mantro, bi morali živeti disciplinirano in urejeno življenje. Opustiti bi morali vse slabe navade, kot so jemanje drog, kajenje in popivanje. Do poroke bi morali živeti v celibatu in ko se poročijo, bi morali še naprej živeti po Materinih nasvetih.

Otroci moji, svojemu duhovnemu mojstru bi morali zaupati vse; pred njim ali njo ne hranite nobenih skrivnosti. Učenec bi moral do mojstra čutiti isto ljubezen in navezanost, kot jo čuti otrok do svoje matere. Šele potem bo učenec duhovno napredoval.

Mati doživlja vsakogar kot Svojega lastnega otroka. V Materinih očeh nobena napaka v kateremkoli od Njenih otrok ni resna. A ker se Mati smatra tudi kot guru, je za napredovanje učencev bistveno, da se obnašajo primerno. Mati bo odpustila vse napake Svojih otrok; toda obstajajo določeni zakoni narave, na primer karmični zakoni, ki povzročajo, da so ljudje kaznovani za svoje grehe. Smatraj, da je vsaka izkušnja žalosti in trpljenja koristna za tvojo duhovno rast.

Služenje

Poenostavi svoje potrebe v življenju in ves denar, ki ga s tem prihraniš, uporabi za dobrodelnost. Dobro je prispevati za dobrodelne projekte. Na primer, nekaj denarja lahko prispevaš za izdajo duhovnih knjig. Knjige se lahko potem prodajajo po nižji ceni, tako da jih bodo imeli možnost kupiti ljudje, ki nimajo dovolj denarja. Na ta način lahko pomagamo krepiti duhovne vrednote med ljudmi.

Vsaj eno uro na dan skušaj vsak dan preživeti v služenju drugim. Tako kot hrana, ki jo uživamo, hrani telo, nesebično služenje hrani dušo. Če nimaš časa tega početi vsak dan, si za kakšno koristno delo za druge rezerviraj vsaj nekaj ur na teden.

Služenje

Beračem ni dobro dajati denarja. Namesto tega jim dajte hrano in oblačila. Denar, ki jim ga daste, lahko zlorabijo in si kupijo alkohol ali droge. Ne dajte jim priložnosti, da bi grešili. Ne glejte nanje kot na berače, temveč kot na Boga. Zahvalite se Bogu, da vam je dal priložnost služiti Njemu na ta način.

Bolje je, da beraču ne daste nobene hrane, kot da mu ali ji postrežete s pokvarjeno hrano na umazanem krožniku. Nikoli ničesar ne dajte s prezirom. Ljubeče besede in dejanja so najbolj dragocena miloščina.

Za proslavitev mejnikov v življenju je koristno opraviti obrede v templju ali ašramu; na primer: podelitev imena otroku, prvo zaužitje goste hrane, začetek otrokovega izobraževanja in poroke. Ob takšnih priložnostih se lahko revnim podari hrano in oblačila. Stroške za poroko bi morali obdržati na minimumu. Višek denarja se lahko namesto tega porabi za stroške poroke revnih deklet ali izobraževanje otrok.

Odpoved bi morala biti del našega življenja. Če si vajen vsako leto kupiti deset novih oblačil, kupi letos eno manj in naslednje leto dve manj. Tako boš postopoma zmanjšal svojo garderobo, da ne boš imel nič več, kot resnično potrebuješ. Denarja, ki ga na takšen način prihrani deset ljudi, je dovolj za gradnjo dóma za invalidnega ali revnega človeka (v Indiji). To lahko v zameno spodbudi prejemnika, da se preobrne v duhovnost. Tudi drugi se bodo spremenili, ko bodo opazili tvojo nesebičnost in tvoj

Služenje

kreposten način življenja. Zmanjšaj svoje razkošje, ne le pri oblačilih, temveč tudi pri vsem drugem in na ta način prihranjen denar uporabi za dobrodelne namene.

Del svojega dohodka daj na stran in ga uporabi za pomoč drugim. Če denarja ni mogoče dati neposredno pomoči potrebnim, se ga lahko izroči ašramu ali duhovni organizaciji, ki se ukvarja z dobrodelnimi aktivnostmi. Napraviš lahko, na primer, duhovno publikacijo, ki bo na voljo javnim knjižnicam, vključno s šolskimi in univerzitetnimi. Tvoja nesebičnost in sočutje ne bosta le pomagala drugim, temveč bosta tudi razširila tvoj lasten um. Tisti, ki nabere cvetlico, da bi jo daroval, je prvi, ki uživa njeno lepoto in vonj. Enako naša nesebična dejanja pomagajo prebuditi Duha znotraj nas. Prav vsak naš dih prežet z dobrimi mislimi bo koristil drugim in prav tako tudi vsej naravi.

Ko nesebično služiš svetu, služiš Materi Sámi.

Karma joga

Pot delovanja

Ne glede na to, kako visok je morda tvoj položaj v družbi, vselej imej držo, da si le služabnik svojih sobitij. Pomisli na to, da te je Bog postavil v srečen položaj, ki ti daje priložnost, da pomagaš pomoči potrebnim. Potem se bosta ponižnost in skromnost spontano pojavili v tvojem srcu. Kadar delaš z držo, da služiš Bogu, potem je tvoje delo duhovna praksa. Bodi prijateljski in ljubeč do vseh na svojem delovnem mestu, do nadrejenih in podrejenih enako. Način, kako ravnaš z drugimi določa, kako bo svet ravnal s tabo.

Ko ti nadrejeni dodeli nalogo, pomisli, da je to priložnost, ki ti jo je priskrbel Bog, da bi ti pomagal odstraniti tvoj ego in odpraviti vsa sovražna čustva, ki se lahko pojavijo v tebi. Podobno, če moraš s svojim podrejenim ravnati strogo, pazi, da ne dovoliš, da se v tebi pojavi jeza ali zamera. V očeh pravega duhovnega aspiranta so nadrejeni, podrejeni in kolegi, vsi, različne oblike Boga.

Nikoli ne pomisli, da delaš le za svojega šefa ali za podjetje. Svojo dolžnost opravljaj z držo, da služiš Bogu. Potem ne boš delal zgolj za zaslužek; ampak boš pri svojem delu iskren in pozoren. Prva lastnost, ki jo mora duhovni aspirant gojiti, je popolna šradha[4] (popolna posvetitev in popolna pozornost nalogi, ki jo opravlja).

---

[4] Beseda šradha v sanskrtu pomeni vero, ki je osnovana v modrosti in izkušnji, medtem ko v

Karma joga

Vselej bi morali biti voljni opraviti več dela kot zahtevajo pravila. Le takšno dodatno delo, opravljeno brez kakršnekoli želje po pohvali ali nagradi, je opredeljeno kot nesebično služenje.

Če na svojem delovnem mestu namestiš sliko svojega ljubljenega Božanstva ali duhovnega mojstra na jasno vidno mesto, ti bo to pomagalo ohranjati tvoj um osredotočen na Boga. Nobene potrebe ni, da bi se tega sramoval. Tvoj dober zgled bo služil kot vzor drugim.

---

malajalamu isti izraz označuje pozorno zavest pri vsakem dejanju. Mati ta izraz pogosto uporablja v slednjem smislu.

Misli, kot so: 'Jaz sem pomembna oseba. Kako sploh lahko nekdo, kot sem jaz, ki ima tako pomemben položaj v družbi, gre morda v tempelj in časti v tisti gneči? Mar ne bi bilo to ponižujoče?' izvirajo iz ega. Če nam družba daje potrditev, kako veliki smo, v resnici od tega ne pridobimo nič. Kar potrebujemo, je potrditev od Boga.

Z neprestanim trudom bi morali biti sposobni mentalno ponavljati svojo mantro, medtem ko opravljamo kakršnokoli vrsto dela. Samo dejanja, ki jih opravljamo z mislijo na Boga ali dejanja darovana Bogu, lahko smatramo kot pravo *karma jogo*. Delo, ki ga opravljamo z držo, da je to Božje delo, ne bo povzročalo nobenih vezi. Ni pomembno, kje smo, vselej ponavljajmo božansko ime ter se poklonímo Bogu in duhovnemu mojstru.

Satsang

Duhovna družba

Če greste skupaj v tempelj ali ašram na *satsang* ali duhovno petje, namesto da zapravljate čas s klepetanjem ali z gledanjem filmov, to ne bo koristilo samo vam, temveč tudi okolici. Druga možnost pa je, da sedite v samoti in meditirate ali pojete hvalnice. Ne oklevajte na satsang povabiti tudi prijateljev in sodelavcev.

Osvojite navado, da boste enkrat na teden šli skupaj z drugimi častilci na *arčano, badžane* (duhovno petje) in meditacijo, bodisi vedno na isto mesto ali izmenoma na različne domove. Če kot *prasad* (blagoslovljeno daritev) razdelite nekaj sadja ali bonbončkov, se bodo teh srečanj radi udeleževali tudi otroci. Duhovna kultura, ki jo bodo osvojili v otroštvu, bo ostala z njimi vse življenje. Tisti, ki sodelujejo na *satsangu,* lahko skupaj tudi obedujejo. To bo okrepilo vaš občutek enosti in pripadnosti duhovni družini. Čaščenje in *arčana,* ki ju izvajate, bosta zmanjšali vsakršno škodo, ki se lahko pojavi zaradi škodljivih planetarnih vplivov, prav tako pa bo to očistilo tudi ozračje. S sodelovanjem na *satsangih* boš svoj um napolnil z mislimi o Bogu.

Dom

Naj Bog postane sestavni del vseh aspektov tvojega življenja. Tisti, ki si ne morejo urediti posebne sobe za čaščenje, si lahko za *mantra džapo,* meditacijo in duhovni študij uredijo vsaj en del sobe. Ta prostor bi morali uporabljati samo za duhovno prakso. Boga ne bi smeli odriniti v prostor pod stopniščem. Živeti bi morali kot Božji služabniki, ne pa na mesto služabnika postaviti Boga.

Ob sončnem vzhodu bi morali prižgati svetilko s prečiščenim maslom ali katerimkoli rastlinskim oljem. Pred svetilko bi se morala zbrati vsa družina ter peti hvalnice in meditirati. Ni potrebe, da bi kogarkoli silili k sodelovanju. Ne delajte si skrbi, če

Dom

se kdo ne želi pridružiti. V starih časih je bilo v Indiji v vseh družinah običajno, da so ob sončnem zahodu skupaj molili. Danes takšno čaščenje prihaja iz mode in zato trpimo posledice tega zanemarjanja. Ko se srečata dan in noč, je ozračje nečisto. Z meditiranjem in prepevanjem duhovnih pesmi v času mraka naš um postane enotočkoven, kar očisti tako naš um kot ozračje. Če se bomo v tem času namesto tega vključevali v igre, zabavo in plitke pogovore, pa bodo posvetne vibracije še dodatno onesnažile naš um.

Vselej bi si morali prizadevati gojiti prej vizijo enosti kot različnosti. V meditacijsko sobo ni potrebno postaviti ničesar drugega kot slike družinskih ljubljenih Božanstev in duhovnega mojstra. Sobo bi morali vsak dan očistiti in s slik obrisati prah.

Nekateri imajo tudi posebne slike bogov in boginj, ki jih na stene obesijo ob praznikih, kot sta rojstni dan Krišne in Šivaratri. To je v redu. Mleko v različnih jezikih poznamo pod različnimi imeni. Kakršnokoli je že ime, se okus in barva ne razlikujeta – to je ista snov. Četudi je Bog znan pod mnogimi imeni, obstaja le Eden in Edini.

Dobro je v vsako sobo na vidno mesto obesiti sliko svojega duhovnega mojstra ali ljubljenega Božanstva. Vsakodnevno brisanje prahu s teh slik bo povečalo tvojo *śradhho* (pozornost) in predanost.

Dom

V starih časih je imela vsaka hiša v Indiji na posebnem mestu posajeno sveto rastlino tulasi. Prav tako je bilo običajno, da so za vsakodnevno čaščenje gojili dišeče cvetje. Dandanes so te rastline nadomestile okrasne rastline in kaktusi. To odseva spremembo notranjega stanja ljudi. Rastlina tulasi in drevo bilva se smatrata za sveti rastlini in verujejo, da kjer se ju vzgaja in globoko spoštuje, prinašata srečo v dom. Vsak dan ju je potrebno zalivati in kadarkoli gremo od doma ali se vanj vrnemo, bi morali tem rastlinam pokloniti svoje pozdrave. Že davno tega so imeli ljudje navado v znak spoštovanja dotakniti se Matere Zemlje, preden so zjutraj vstali in stopala položili na tla. Imeli so navado prikloniti se vzhajajočemu soncu kot utelešenju Božanstva in darovalcu življenja. Božjo bit so zaznavali v vsem. Zaradi takšne drže so bili mirni, radostni in dobrega zdravja.

Rastlina tulasi in mnogo dišečih cvetlic, ki se uporabljajo za čaščenje, imajo zdravilne lastnosti. Če rastejo ob hiši, čistijo ozračje. Tisti, ki imajo dovolj zemlje okrog svoje hiše, lahko zasadijo majhen cvetlični vrt. Med vrtnarjenjem vedno ponavljaj svojo mantro. Védenje, da so rastline namenjene čaščenju, ti bo tvoj um pomagalo obdržati na Bogu.

Vsako gospodinjstvo bi moralo del svoje zemlje uporabiti za gojenje dreves in rastlin. To bi čistilo okolje in ohranjalo harmonijo narave. V starih časih je imela vsaka hiša

Dom

gaj in ribnik v njem. Od tega so imeli korist vsi v okolici.

Sreča v hiši ni odvisna od njenega zunanjega blišča, temveč od njene snažnosti. Vsak dan bodite pozorni na to, da ohranjate svojo hišo in njeno okolico brezhibno čisto. Ne mislite, da je to samo naloga žensk ali kakšne posebej za to zadolžene osebe. Vsi v družini bi morali skupaj skrbeti, da bi ohranjali hišo čisto. Tradicionalne navade, kot so te, da v hišo ne vstopamo s čevlji ali da je pred vrati na voljo voda, zato da si lahko ljudje pred vstopom v hišo umijejo stopala, pomagajo krepiti občutek duhovnega spoštovanja do doma.

Z zaposlenimi v hiši ravnaj dostojno. Ne prizadeni njihovega samospoštovanja in jim ne ponujaj ostankov hrane. Z njimi bi morali ravnati tako kot z našimi lastnimi brati in sestrami.

Kuhinjo smatrajte kot prostor čaščenja. Morali bi jo ohranjati čisto in urejeno. Zjutraj se pred pričetkom kuhanja vselej okopajte. Hrano pripravljajte kot darovanje Bogu in med tem ponavljajte svojo mantro ter si predstavljajte, da bo On sprejel esenco hrane, preden bo le-ta postavljena na mizo. Preden zvečer odidete k počitku, bi morala biti vsa posoda pomita in kuhinjska tla pometena. Pazite, da kakšne hrane ne pustite nepokrite.

Dom

Dobra navada je, da starši svoje otroke ob pričetku vsakega obroka z roko nahranijo s ščepcem hrane. To bo negovalo medsebojno ljubezen in naklonjenost v družini. V starih časih je v Indiji žena jedla ostanke z moževega krožnika, saj jih je smatrala kot Božji *prasad*. V tistih časih je žena gledala na svojega moža kot na pojavno obliko Boga. Kje lahko najdemo takšen odnos danes? Vsi moški bi radi imeli ženo, kot je Sita, čista in popolna žena Gospoda Rame, toda noben se ne vpraša, ali tudi on osebno živi kot Rama, ki je bil utelešenje vseh plemenitih vrlin.

Če imate hišne ljubljenčke, nikoli ne bi smeli jesti, dokler niso bili najprej nahranjeni oni. Zaznaj Boga v vsakem živem bitju in s takšno držo nahrani svoje živali.

Vsakdo v družini bi moral prevzeti svoj del gospodinjskih opravil. To bo krepilo vašo ljubezen do drug drugega. Moški se ne bi smeli izogibati delu v kuhinji z mislijo, da je takšno delo namenjeno samo ženskam. Tudi majhnim otrokom bi morala biti dodeljena gospodinjska opravila, kakršna zmorejo opraviti.

Preprost življenjski slog

Razvij nesebičnost in zmanjšaj svoje osebno udobje, kolikor je mogoče. Skušaj živeti preprosto življenje tako, da svojo osebno lastnino zmanjšaš na minimum. Duhovni aspirant ne bi smel biti iskalec užitkov.

Z malo prizadevanja lahko človek prihrani velik del denarja, ki bi bil sicer potrošen za gradnjo ali nakup velike luksuzne hiše. Na tak način ljudje pogosto zapravijo vse svoje prihranke in končajo v dolgovih. Bolje je živeti v skromni hišici in se ogniti tudi drugemu razkošju. Če želiš zgraditi ali kupiti dom primeren le za štiri ali petčlansko družino, ne pozabi, da obstajajo neštete brezdomne, revne družine, ki svoje noči preživljajo zunaj na mrazu in dežju.

Dobro se je izogibati oblačilom z lesketajočimi se vzorci in pozornost vzbujajočimi barvami zato, da ne pritegneš preveč pozornosti. Kadar so drugi pozorni na nas, to preusmerja našo lastno pozornost. Skušati bi se morali oblačiti preprosto in gojiti preprost življenjski slog. Ženske bi se morale odpovedati svoji želji po nakitu. Resnični dragulji v življenju so krepostne besede in dejanja.

Svojih starih oblačil ne mečite proč. Očistite jih in jih dajte tistim, ki si ne morejo privoščiti novih.

Vselej deluj brez pričakovanj sadov svojih dejanj. Pričakovanje je vzrok vseh bridkosti.

Preprost življenjski slog

Svoje življenje posveti Bogu in zaupaj, da te bo varoval. Če živiš družinsko življenje s pravo naravnanostjo, se lahko naučiš popolnoma predati Bogu. Ovedeti se moramo, da naša žena ali mož in naši otroci ne pripadajo nam niti mi ne pripadamo njim. Védi, da brez dvoma vse pripada edino le Bogu. On te bo nato osvobodil vseh tvojih vezi. Prijel te bo za roko in te povedel k cilju.

Dieta

Niti drobtinica hrane, ki jo pojemo, ni pridobljena samo z našim lastnim trudom. Kar pride k nam v obliki hrane, je garaško delo naših sester in bratov ter radodarnost narave in Božjega sočutja. Tudi če imamo milijone evrov, za zadovoljitev svoje lakote še vedno potrebujemo hrano. Navsezadnje, ne moremo jesti evrov. Zato nikoli ne bi smeli ničesar jesti brez predhodne molitve z občutkom ponižnosti in hvaležnosti.

Med jedjo bi morali vedno sedeti. Med obroki ne bi smeli stati ali hoditi.

Med jedjo svoje pozornosti ne usmerjaj le na okus hrane. Predstavljaj si, da je znotraj

Dieta

tebe navzoče tvoje ljubljeno Božanstvo ali duhovni mojster in da Ga ali Jo hraniš. Če hraniš otroka, si lahko predstavljaš, da hraniš svoje ljubljeno Božanstvo. Iz tega bo hranjenje postalo dejanje čaščenja. Ne govori med jedjo. Družina bi morala jesti skupaj, kadar je le mogoče. V svojo desno dlan si nalij malo vode in ponovi mantro *bhodžano*[5] ali svojo lastno mantro. Potem s svojo dlanjo v smeri urinega kazalca trikrat zakroži nad hrano in posrebaj vodo. Zapri oči in nekaj trenutkov môli: ,O Bog, naj

---

[5]

Om Brahmarpanam Brahma havir
Brahmagnau Brahmana hutam
Brahmaiva tena gantavyam
Brahma karma samadhinah
Om shanti shanti shanty
Om, Brahman je dajanje, Brahman je daritev, z Brahmanom je daritev darovana v ogenj Brahmana. Tisti, ki vidi Brahmana v vseh dejanjih, bo dosegel Brahmana.

mi ta hrana dá moč, da opravim Tvoje delo in da Te uresničim.'

Medtem ko ješ, vedno mentalno ponavljaj svojo mantro. To bo očistilo hrano in hkrati tvoj um.

Mentalno stanje človeka, ki hrano pripravlja, se prenese na tiste, ki jo zaužijejo. Zato bi morala za vso družino kuhati mati, tako pogosto, kot je le mogoče. Če med kuhanjem ponavlja svojo mantro, bo hrana vsem koristila tudi duhovno.

Svojo hrano smatraj kot Boginjo Lakšmi (Boginjo blaginje) in jo sprejemaj s pobožnostjo in spoštovanjem. Hrana je Brahman

Dieta

(Absolutno Bitje). Med jedjo nikoli ne govori o napakah ali pomanjkljivostih drugih. Hrano jej kot Božji *prasad* (blagoslovljeno darilo).

Brez nadzorovanja svoje želje po okusu ne moreš nadzorovati svojega uma. Raje izberi hrano, ki je zdrava, kot hrano, ki je okusna. Brez da bi se odrekel okusu jezika, ne moreš izkusiti najvišjega okusa razcveta svojega srca.

Tisti med vami, ki izvajate duhovne vaje, bi morali paziti, da uživate le preprosto, svežo, vegetarijansko hrano (*satvično* hrano). Dobro se je ogibati hrani, ki je pretirano slana, sladka, pekoča ali kisla. Naravo uma določa subtilna esenca hrane, ki jo uživamo. Čista hrana ustvarja čist um.

Tvoj zajtrk bi moral biti lahek. Še bolje pa je, če si lahko brez zajtrka. Za kosilo jej, kolikor želiš, zvečer pa si privošči le lahek obrok.

Svojega želodca ne napolni povsem. Četrtino želodca pusti praznega. To bo tvojemu telesu pomagalo pravilno prebaviti hrano. Če poješ toliko, da lahko še komaj dihaš, bo to obremenilo tvoje srce.

Prenajedanje ne bo škodovalo le tvojim duhovnim vajam, ampak tudi tvojemu zdravju. Odpovej se navadi, da kar naprej

Dieta

nekaj ješ, kadar se ti zazdi. Imeti obroke ob rednem času je dobro za tvoje zdravje in mentalni nadzor. Jej, da živiš. Ne žívi zato, da bi jedel.

Med vikendi je dobro za en dan prakticirati post ali jesti le en obrok na dan ter doma ali v ašramu izvajati *mantra džapo* in meditacijo. Postopno prehajanje iz le enega obroka do popolnega postenja enkrat tedensko bo izboljšalo tvojo duhovno vadbo, prav tako pa je to tudi dobro za tvoje zdravje. Če se ne moreš postiti popolnoma, tistega dne jej le sadje. Prav tako se je dobro postiti v času polne lune in mlaja.

Ne jej v času somraka. To ni dober čas za polnjenje želodca. V starodavnih epih je rečeno, da je Gospod Višnu ubil demona Hiranjakašipuja v času somraka. Takrat je zrak bolj nečist kot ob vsakem drugem času, zato bi moral človek ob tej uri ponavljati Božje ime in svoj um napolniti z božansko hrano.

Dvakrat na mesec je dobro vzeti odvajalo, da si temeljito očistite črevesje, še zlasti tisti, ki opravljate duhovne vaje. Nakopičenost fekalij v telesu bo poslabšala tvojo koncentracijo in onesnažila tvoje misli.

Mati od tistih, ki jedo meso in ribe, ne zahteva, naj s tem prenehajo takoj; toda za tvoje duhovne vaje je dobro postopoma privzeti povsem vegetarijansko dieto. Navade se je zelo težko znebiti takoj. Preučuj

Dieta

svoj um in ga postopoma privedi pod svoj nadzor.

Vsi vedo, da kajenje in popivanje škodujeta zdravju. Vendar kljub temu večina ljudi s takšnimi navadami ugotovi, da se jim težko odreče. Kako si lahko oseba, ki se ne more osvoboditi iz prijema cigarete, prizadeva doseči Samouresničitev? Tisti, ki ne morejo prenehati kaditi naenkrat, lahko poskusijo z žvečenjem nadomestka, kot je kardamom ali sladki koren ali pa naj, kadar čutijo potrebo po kajenju, spijejo malo vode. Če si iskreno prizadevaš, lahko kajenje ali katerokoli drugo navado opustiš že v kratkem času.

Pravi čaj in kava te lahko začasno povzdigneta, če pa ti to postane navada, je to slabo za tvoje zdravje. Zato se odpovej tudi temu.

Otroci moji, če ste vajeni piti alkohol, morate sprejeti trdno namero, da boste s tem prenehali. Alkohol uničuje vaše zdravje; slabi vaš um, poruši vaše finance in razbije mir vaše družine. Ne pijte alkohola zato, da bi ustregli svojim prijateljem.

Ne uporabljajte nobenih opojnih substanc. Služite svetu, namesto da si uničujete zdravje s kajenjem in s popivanjem. Denar, ki ga zapravljate za takšne reči, bi morali namesto tega porabiti za mnoge koristnejše stvari. Z denarjem, ki ga potrošite za cigarete,

Dieta

bi lahko kupili umetno nogo za revnega človeka, ki je izgubil nogo; lahko bi plačali operacijo oči nekomu z očesno mreno ali kupili invalidski voziček za človeka, ki je hrom. Lahko pa bi kupili duhovne knjige za lokalno knjižnico.

Kadar dopustimo, da se hrana pokvari ali da se jo napol pojedeno zavrže, to škodi celotni družbi. Pomisli, koliko ljudi trpi, ker si ne morejo privoščiti niti enega samega obroka na dan. Ali lahko srečni jemo razkošno pojedino, če naš sosed strada? Ubogim bi morali pomagati kolikor moremo. Hranjenje lačnih ni vredno nič manj kot čaščenje Boga.

Zakonsko življenje

Mož in žena bi se morala ljubiti med seboj in služiti drug drugemu ter videti Boga drug v drugem. Tako bosta postala idealen par ter vzor svojim otrokom in drugim, da bi jima sledili.

Mož in žena bi morala skupaj častiti, meditirati, izvajati *mantra džapo* in brati duhovna besedila. Morala bi nesebično služiti svetu in svoj dom spremeniti v ašram. Če tako skupaj napredujeta v duhovni praksi, bosta zagotovo dosegla osvoboditev.

Mož in žena drug drugega ne bi smela ovirati na duhovni poti. Nikoli se ne odreci svojemu duhovnemu iskanju, četudi ga tvoj soprog ne odobrava. Obenem pa bi se bilo narobe v imenu duhovnega življenja obrniti proč od svojih dolžnosti. Mati je videla mnoge, ki so to storili in to nikoli ni prav. Če imaš za opraviti neko nalogo, jo moraš opraviti, medtem pa ohranjaj svoj um osredotočen na Boga. Če meditiraš v času, ko bi moral opravljati svoje delo, ne boš napredoval. Izogibaj se svojemu partnerju povzročati kakršnokoli bolečino, četudi on ali ona nasprotuje tvoji duhovni praksi. V takšnih okoliščinah med opravljanjem dolžnosti za svojo družino môli k Bogu, da bo v srce tvojega ljubljenega prinesel spremembo.

Par bi se moral spolnih odnosov vzdržati vsaj dva ali tri dni na teden. Postopoma skušajta doseči stanje celibata večino dni.

Spolnim odnosom se izogibajta v času polne lune in mlaja ter takrat, kadar ima ženska mesečno perilo. Po tem, ko že imata enega ali dva otroka, razvijajta moč volje, da bi živela kot brat in sestra. To je bistveno, če želiš požeti polno korist svoje duhovne prakse in napredovati po svoji duhovni poti.

Vsakokrat, ko imaš spolni odnos, bi se moral vprašati: 'O um, od kod prihaja ta užitek? Mar ni to le odtekanje moje energije?' Užitek, ki ga dosežemo s katerimikoli drugimi sredstvi, ki niso mentalni nadzor, slabi telo. Odnos med možem in ženo bi moral postati čista ljubezen srca, neomadeževana s poželenjem. Skušajta napredovati po poti vrlin z osredotočenostjo svojega uma izključno na Najvišje Bitje.

Zakonsko življenje

Dovolj je imeti le enega ali največ dva otroka in nič več kot toliko. Če imaš manj otrok, jih lažje skrbno vzgajaš. Matere bi morale svojega dojenčka dojiti. Medtem ko dojiš svojega dojenčka, mentalno ponavljaj Božje ime in môli: 'O Bog, vzgôji tega otroka tako, da bo služil svetu. To je Tvoj otrok. Temu otroku daj plemenite lastnosti.' Potem bo ta otrok postal inteligenten in uspešen v življenju.

Poročen moški ne bi smel imeti razmerij z drugimi ženskami. Prav tako se poročena ženska ne bi smela zapletati z drugimi moškimi.

Kadar so v družini različna mnenja, se bodi pripravljen pogovoriti o témi nesoglasja in rešiti problem istega dne, ne pa ga prelagati na pozneje. Vsakdo lahko vrača ljubezen za ljubezen; v tem ni nič velikega. Skušaj vračati ljubezen tudi za sovraštvo. Samo to je pravo merilo naše veličine. Šele takrat, ko smo sposobni drugim odpuščati in sprejeti njihove napake in pomanjkljivosti, bo v družini prevladal mir. Da bi se otrokov značaj pravilno oblikoval, je bistvenega pomena, da starši živijo zgledno življenje. Če starši niso dober zgled svojim otrokom, da bi jim le-ti sledili, kako lahko potem svoje otroke pravilno vzgajajo?

Otroci spočeti v somraku se lahko razvijejo v mentalno prizadete. V tem času so posvetne misli na vrhuncu; zato je v mraku tako zelo potrebno izvajati čaščenje, *arčano*, *mantra džapo* in meditacijo.

Od takrat, ko je žena noseča tri ali štiri mesece, bi se morala ona in mož strogo držati celibata. Izogibajta se vsakršnih razprav, filmov ali revij, ki prebujajo posvetne strasti in želje. Vsak dan berita duhovne knjige, meditirajta in ponavljajta svojo mantro. Miselni valovi in čustva nosečnice imajo na značaj otroka v njeni maternici globok vpliv.

Vzgoja otrok

Do petega leta starosti bi morali dajati otroku veliko ljubezni. Od petega do petnajstega leta starosti bi jih morali vzgajati s strogo disciplino, zlasti kar se tiče njihovega učenja. V tem času se oblikujejo temelji življenja. Ljubezen brez discipline jih bo samo pokvarila. Po petnajstem letu starosti jim je potrebno dajati toliko ljubezni, kot je mogoče, sicer lahko zaidejo na stranska pota.

Mnogo najstnikov je Materi povedalo, da so zašli zato, ker doma niso prejeli nobene ljubezni. V najstniških letih, ko otroci hrepenijo po ljubezni, jih morda njihovi starši strogo grajajo ali kaznujejo, da bi jih disciplinirali. Svojemu najstniku ne dovolijo, da bi se jim približal, kaj šele, da bi mu sami pokazali kaj ljubezni ali naklonjenosti.

Če smo pretirano ljubeznivi in popustljivi do otrok v starosti, ko jih je potrebno učiti discipline, jih bo to pokvarilo in polenilo ter napravilo brezbrižne do učenja. Ko so starejši, pa jih ne bi smeli strogo grajati. Na njihove napake bi jih morali opozarjati in jih popravljati z razumom in logiko.

Starši bi morali svoje otroke že zgodaj pričeti poučevati o duhovnosti. Čeprav se zgodi, da njihovi otroci med odraščanjem pridobijo slabe navade, dobri vtisi, ki so jih prejeli v otroštvu, ležijo speči v njihovi podzavesti in jih bodo še pravočasno privedli nazaj na pravo pot.

Pred otrokom ne obrekujte ali ne govorite slabo o nikomer, kajti otrok vas bo posnemal. Bogastvo lahko danes pride in jutri gre, dober značaj pa bo ostal vse življenje. Zato bi morali tisti, ki so bogati poskrbeti, da bodo njihovi otroci odrasli v skromne in samozavestne osebe.

Otroci bi se morali naučiti biti spoštljivi do svojih učiteljev in do vseh duhovnih mojstrov. Učenje, zlasti tisto, ki je duhovne narave, bo obrodilo sadove le, če je posajeno v tla ponižnosti. So tudi takšni, ki mislijo, da otroku, ki obiskuje šolo, ni potrebno opravljati nobenega drugega dela, vendar to ni res. Zgolj šolska izobrazba je daleč od zadostne priprave za življenje. Otrok bi se moral naučiti tudi pomagati svojim staršem pri vseh nalogah doma.

Vzgoja otrok

Bili so časi, ko so otroci do svojih staršev in starejših izkazovali ljubezen in spoštovanje[6]. Ta tradicija se je večinoma izgubila. Starši bi morali biti zgled svojim otrokom tako, da so ljubeči in spoštljivi do svojih lastnih staršev. Kako se lahko od otroka pričakuje, da bo svojim staršem izkazoval spoštovanje, če njegovi ali njeni starši zanemarjajo svoje lastne starše in jim ne izkazujejo nobenega spoštovanja? Starši bi morali biti vselej zgled svojim otrokom, da bi jim le-ti sledili.

---

[6] V Indiji je običaj, da se z obema rokama dotaknemo stopal svojih staršev, starejših ljudi, menihov in Guruja, da bi jim tako izkazali svoje spoštovanje. V preteklosti je kot prvo stvar, ko je zjutraj vstal ali ko je odšel od doma v šolo, tako storil vsak otrok v vsaki družini.

Kadar po opravkih odhajaš z doma, pred odhodom izkaži starejšim članom svoje družine spoštovanje. Otroci bi se morali navaditi, da se poslovijo od svojih staršev, preden zjutraj odidejo v šolo. Skromnost in ponižnost sta tisti lastnosti, ki k nam pritegneta milost Boga.

Otrokova mentalna zrelost je odvisna od vzgoje, ki jo prejme od odraslih okrog sebe. Starši in ostali starejši v hiši bi morali polagati veliko pozornost otrokovemu izobraževanju. Tisti, ki so izobraženi, bi morali, kolikor je mogoče pomagati otroku pri šolskih lekcijah. Ne prepustite vse odgovornosti učiteljem. Če ima vaš otrok sošolce, ki živijo v soseščini, jih lahko povabite k sebi in jih vse skupaj učite. To bi morali početi dobri sosedi. Nikoli se ne veselite neuspeha sosedovega otroka in ne želíte si, da bi samo vaš otrok dobival najvišje ocene.

Otroci bi morali spoštovati starejše. Kadar starejši vstopijo v sobo, bi moral vstati in sesti šele, ko bi najprej sedli oni. Starejšim od sebe bi morali odgovarjati vljudno in ubogati njihova navodila. Morali bi se vzdržati norčevanja iz njih, povzdigovanja glasu ali prepiranja z njimi. Vse to je bistveno za srečo družine. Enako tudi, kadar majhen otrok vpraša za dovoljenje, da bi šel ven, bi mu morali odrasli dati svoje dovoljenje z ljubečim poljubom. Otrok bi moral imeti občutek, da je ljubljen. Naša ljubezen do otroka ne bi smela biti kot med globoko skrit v kamnu.

Starši, ki svojim otrokom pred spanjem pojejo uspavanke in pripovedujejo pravljice, bi morali za ta namen uporabljati hvalnice in duhovne zgodbe. To bi otrokom pomagalo zadržati njihov um v misli na Boga in njihova duhovna kultura bo v njihovi podzavesti pognala globoke korenine. Bodite tudi izbirčni pri izbiri knjig zanje.

Otroci bi morali biti vzgojeni tako, da bi razumeli svojo kulturo in morali bi jih naučiti, da bi bili nanjo ponosni. Dati bi jim morali imena, ki odražajo njihovo kulturo in ki nas spominjajo na Boga in duhovne mojstre. Že od ranega otroštva navdihnite otroka z vtisi o Bogu tako, da jim pripovedujete zgodbice o božanskih inkarnacijah in svetnikih. Nekoč so se v Indiji vsi že od malega učili Sanskrit, jezik svetih spisov. To je pomagalo ljudem že zgodaj v njihovih življenjih absorbirati semena duhovnosti. Celó tisti, ki se svetih spisov niso učili neposredno, so svoje življenje živeli po duhovnih principih, saj so bili povezani z ljudmi, ki so se jih učili.

Vanaprastha

Upokojitev

Ko otroci enkrat odrastejo in lahko skrbijo sami zase, bi morali njihovi starši oditi v ašram in živeti duhovno življenje ter z meditacijo, izvajanjem *mantra džape* in nesebičnim služenjem delati na svojem duhovnem napredku. Da pa bi bil ta prehod v življenju mogoč, je že od samega začetka našega duhovnega življenja pomembno razviti močno navezanost na Boga, in to izključno na Boga. Brez te duhovne vezi se bo um oprijel svojih spon – predvsem naših otrok, potem naših vnukov in tako naprej. Ta vrsta vezanosti je brez koristi tako za nas kot tudi za naše otroke; če dovolimo, da to še traja, bo naše življenje zapravljeno. Če pa nasprotno svoje življenje preživljamo z opravljanjem duhovnih vaj, bo s tem

Vanaprastha

pridobljena duhovna moč pomagala nam in svetu. Zato krepite navado odtegnitve uma od neštetih stvari sveta in se obrnite navznoter k Bogu. Če isto olje znova in znova prelivamo v različne posode, bomo pri pretakanju vsakokrat nekaj olja izgubili. Enako z navezanostjo uma na množico stvari izgubimo še tisto malo duhovne moči, ki jo morda premoremo. Z zbiranjem vode v zbiralnik, lahko voda vse pipe oskrbi enako. Podobno, z ohranjanjem uma neprestano na Bogu med opravljanjem kakršnegakoli dela, bo korist, ki jo bomo s tem pridobili, dosegla vse v družini. Glavni cilj življenja ne bi smel biti kopičenje bogastva zase in za svoje otroke. Življenjski cilj bi moral biti osredotočenost na svoj duhovni razvoj.

Mešano

Četudi izgubiš milijon evrov, se jih da nadomestiti. Če pa izgubiš en sam trenutek, ga ne moreš nikoli več dobiti nazaj. Vsak trenutek, ko se ne spominjaš Boga, je zate za vedno izgubljen.

Duša je Bog. Prava disciplina je delovati z neprekinjenim zavedanjem Boga.

Meditacija in ponavljanje mantre nista edini obliki duhovne prakse. Tudi nesebično služenje je duhovna praksa in to je najlažja pot razvijanja notranjega Jaza. Ko za prijatelje kupiš cvetlice, si ti tisti, ki prvi uživa njihovo lepoto in vonj. Enako se z nesebičnim služenjem drugim naše srce razširi in mi sami smo tisti, ki prvi občutimo srečo.

Prakticiranje *pranajame* (nadzorovanja dihanja) ne da bi živeli v strogem celibatu, lahko privede do zapletov. *Pranajamo* bi smeli izvajati le pod nadzorom pravega mojstra.

Ne glej na napake in pomanjkljivosti drugih in ne govori o takšnih rečeh. Vselej skušaj v vsakomer videti le dobro. Če se raniš v dlan, za to ne kriviš dlani – ampak daš na rano zdravilo in jo neguješ z veliko pozornostjo. Z enako intenzivnostjo bi morali služiti drugim, ne pa jih kriviti za njihove napake.

Če stopiš na trn in ti ta prebode stopalo, trna ali bolečine ne bo odstranil noben jok. Trn moraš izvleči in rano oskrbeti z zdravilom. Enako je brez koristi jokati zaradi iluzornih reči sveta, ki ti povzročajo bolečino. Če namesto tega jokaš za Bogom, bo to očistilo tvoj um in boš pridobil moč za premagovanje vseh ovir. Zato, moji dragi otroci, vse predajte Bogu in bodite močni! Bodite pogumni!

Jokanje po Bogu ni šibkost. Naše solze po Bogu izmijejo nečistosti, to so slabe navade, ki so se kopičile skozi mnoga življenja. Na enak način kot sveča, ki s taljenjem gori še svetleje in z več sijaja, bodo tvoje solze po Bogu okrepile in pospešile tvojo duhovno rast. Nasprotno pa, kadar jočeš za posvetnimi stvarmi ali zaradi svoje družine, ti tvoja moč odteka in postajaš šibek.

Karkoli počneš, se zavedaj, da si zmožen delovati le zaradi Božje moči. Pogosto lahko na cestah vidiš oznake narisane z odsevno barvo. Ko luč barvo osvetli, jo ta odbije in zasije. Na enak način smo zmožni delovati le skozi Božjo moč. Mi smo samo orodje v Božjih rokah.

Da bi preštel vsa zrna v prgišču peska ali po tanki vrvi prečkal reko, potrebuješ izredno koncentracijo in pozornost. Enako koncentracijo in pozornost bi moral imeti pri vsem, karkoli počneš.

Ahimsa (nenasilje) bi morala biti zaobljuba našega življenja. Izvajati *ahimso* pomeni vzdržati se tega, da bi z mislijo, besedo ali dejanjem že na najneznatnejši način prizadeli katerokoli bitje.

Le z odprtjem svojega srca lahko sredi tega sveta polnega bolečine odkrijemo blaženi Božji svet. Brez duha odpuščanja in poniznosti ne moremo prepoznati Boga ali si zaslužiti gurujeve milosti. Da odpustimo drugim, je potreben pogum, še zlasti v situacijah, ko si na meji izgube svojega potrpljenja. Ko pritisneš gumb na dežniku, se ta odpre in te zaščiti pred dežjem in soncem. Če pa se gumb noče premakniti, se ne zgodi nič. Ko seme pade v zemljo, vzkali in postane drevo – in k temu drevesu lahko privežeš celó slona. Če pa se seme noče predati, če noče zapustiti setvene košare in se spustiti pod zemljo, lahko konča kot hrana za miš.

Otroci moji, če resnično ljubite Mater, boste videli Mater v vsem in vsakomer in boste ljubili vse, kot ljubite Mater.

Božja uresničitev in Samouresničitev je ista stvar. Biti Božje uresničen (ali Samouresničen, op.p.) pomeni imeti tako razširjeno srce, da ljubiš vse in vsakogar enako.

Slovar

Ahimsa: ‚Neškodovanje, nenasilje.' Vzdržati se tega, da bi katerokoli živo bitje prizadeli z mislijo, besedo ali dejanjem.

Arčana: ‚Darovanje v čaščenju.' Oblika čaščenja, pri katerem se recitirajo imena Božanstva, običajno 108, 300 ali 1000 krat v enem sklopu.

Ašram: ‚Prostor teženja.' Prostor, kjer duhovni iskalci in aspiranti živijo ali ga obiščejo z namenom, da bi živeli duhovno življenje in bili vključeni v duhovno prakso. Običajno je to domovanje duhovnega mojstra, svetnika ali asketa, ki aspirante vodi.

Bhagavad Gita: ‚Božja pesem.' Bhagavad = od Gospoda; Gita = pesem, ki se nanaša predvsem na sporočilo. Nauki, ki jih je Ardžuni dal Šri Krišna na bojnem polju Kurukšetra ob začetku vojne Mahabharata. To je praktični vodnik za vsakodnevno življenje in vsebuje bistvo Vedske modrosti.

Brahman: Absolutna Resničnost; Celota; Najvišje Bitje, ki obdaja in prežema vse ter je Eno in nedeljivo.

Badžana: duhovna pesem.

Dharma: ‚Tisto, kar podpira vesolje.' *Dharma* ima mnogo pomenov, vključno s tem, da je to božanski zakon, zakon življenja v skladu z božansko harmonijo, pravičnostjo, vero, dolžnostjo, odgovornostjo, vrlino, poštenostjo, dobroto in resnico. *Dharma* označuje notranje principe religije. Najvišja *dharma* človeškega bitja je uresničiti svojo lastno prirojeno Božanskost.

Džapa: glej mantra džapa.

Guru: ‚Tisti, ki odstranjuje temo nevednosti.' Duhovni mojster / vodnik.

Gurukula: ašram z živečim gurujem, kjer učenci živijo in študirajo z gurujem.

Kali juga: sedanje mračno obdobje materializma in nevednosti.

Karma: delovanje, delo.

Kirtan: hvalnica.

Lalita Sahasranama: tisoč imen Vesoljne Matere v podobi Lalitambike. *Sahasranamo* so pred več tisoč leti sestavili Rišiji.

Lalitambika: ime Božanske Matere.

Mahabharata: ep o sporu med dvema kraljevskima družinama, ki sta si bili v sorodu, Panduji in Kauravi in veliki vojni, ki je med njima potekala na Kurukšetri. Mahabharato, ki je najdaljši ep na svetu, je pred okrog 5000 leti napisal modrec Vyasa. To je mogoče najbolje razumeti kot simbolično zgodbo o boju med dobrim in zlim.

Mahatma: ‚Velika duša.'

Mala: rožni venec, običajno izdelan iz semen rudrakše, tulasijevega lesa ali kroglic iz sandalovine.

Mantra: sveti obrazec ali molitev, ki se ga nenehno ponavlja. To prebuja človekove speče duhovne moči in mu pomaga doseči cilj. Najbolj učinkovita je, če se jo z iniciacijo prejme od pravega duhovnega mojstra.

Mantra džapa: ponavljanje mantre, molitve ali enega od Božjih Imen.

Maunam: držati se tišine.

Odžas: spolna energija, ki se skozi duhovne vaje pretvori v subtilno vitalno energijo.

Prasad(am): blagoslovljene daritve razdeljene po čaščenju. Za *prasad* se smatra tudi tisto, kar *mahatma* daje kot znamenje svojega blagoslova.

Pranajama: Obvladovanje uma z nadzorovanim dihanjem.

Ramajana: ‚Življenje Rame.' Ena od največjih indijskih epskih pesnitev, ki opisuje življenje Šri Rame in jo je napisal Valmiki. Rama je bil inkarnacija Višnuja. Večina epa opisuje, kako je Sito, Ramovo ženo, ugrabil Ravana, demonski kralj, in jo odvedel na Šri Lanko ter kako so jo potem Rama in njegovi častilci rešili.

Samsara: svet mnogoterosti; cikel rojstva, smrti in ponovnega rojstva.

Sanjasi ali sanjasini: menih ali nuna, ki je prevzel oziroma prevzela formalne zaobljube odpovedi. *Sanjasi(ni)* tradicionalno nosi oker oblačila, ki predstavljajo izgorevanje vseh navezanosti.

Slovar

Satguru: Samouresničeni duhovni mojster.

Satsang: *Sat* = resnica, bivanje; *sanga* = združenje. Bivanje v družbi modrih in krepostnih. Pa tudi duhovno predavanje modreca ali učenjaka.

Sattva: dobrota, čistost, vedrina. Ena od treh *gun* ali temeljnih lastnosti narave.

Šraddha: šraddha v Sanskritu pomeni vero ukoreninjeno v modrosti in izkušnji, medtem ko isti izraz v Malajalamu pomeni posvečenost svojemu delu in zbrana zavestnost v vsakem dejanju. Mati ta izraz pogosto uporablja v slednjem pomenu.

Surjanamaskar: ‚Pozdrav soncu.' Jogijska vaja, ki je kombinacija *joga asan* in *pranajame*.

Tulasi: sveta rastlina sorodna baziliki.

Vanaprastha: faza življenja v odmaknjenosti. V starodavni indijski tradiciji so štiri faze življenja. Najprej je otrok poslan v *gurukulo,* kjer živi življenje *bramačarija.* Potem se poroči in živi duhovnosti posvečeno družinsko življenje *(grihastāšrami).* Ko so otroci para dovolj stari, da lahko sami skrbijo zase, se starša umakneta v samoto ali ašram, kjer živita povsem duhovno življenje z izvajanjem duhovne prakse. V četrti fazi svojega življenja se povsem odpovesta svetu in živita življenje sanjasina.

Vasana: (iz *vas* = preživel, preostanek) *Vasane* so latentna nagnjenja ali subtilne želje v umu, ki imajo težnjo po manifestaciji v dejanja in navade. *Vasane* so zbrani rezultati vtisov izkušenj *(samskare),* ki se nahajajo v podzavesti.

www.ingramcontent.com/pod-product-compliance
Lightning Source LLC
Chambersburg PA
CBHW070614050426
42450CB00011B/3055